Ernst Probst

Die Nordtiroler Urnenfelder-Kultur

Eine Kultur der Bronzezeit von etwa 1300/1200 bis 800 v. Chr.

Der GRIN Verlag publiziert seit 1998 wissenschaftliche Arbeiten von Studenten, Hochschullehrern und anderen Akademikern als eBook und gedrucktes Buch. Die Verlagswebsite www.grin.com ist die ideale Plattform zur Veröffentlichung von Hausarbeiten, Abschlussarbeiten, wissenschaftlichen Aufsätzen, Dissertationen und Fachbüchern.

Dokument Nr. V183317 aus dem GRIN Verlagsprogramm

Ernst Probst

Die Nordtiroler Urnenfelder-Kultur

Eine Kultur der Bronzezeit von etwa 1300/1200 bis 800 v. Chr.

GRIN Verlag

Die Deutsche Bibliothek verzeichnet diese Publikation in der Deutschen Nationalbibliografie;
detaillierte bibliografische Daten sind im Internet über http://dnb.d-nb.de/ abrufbar.

1. Auflage 2011
Copyright © 2011 GRIN Verlag GmbH
http://www.grin.com
Druck und Bindung: Books on Demand GmbH, Norderstedt Germany
ISBN 978-3-656-08176-0

Berittener Krieger der Urnenfelder-Kultur
mit Angriffswaffen (Schwert, Lanze)
und Schutzwaffen (Helm, Brustpanzer, Schild, Beinschienen),
wie sie an verschiedenen Fundorten in Österreich
und im übrigen Europa zum Vorschein kamen.
Zeichnung von Friederike Hilscher-Ehlert, Königswinter,
für das Buch »Deutschland in der Bronzezeit« (1996)
von Ernst Probst

Ernst Probst

Die Nordtiroler Urnenfelder-Kultur

Ein Kultur der Bronzezeit
von etwa 1300/1200 bis 800 v. Chr.

Widmung

Dr. Elisabeth Ruttkay (1926–2009), Wien,
Professor Dr. Markus Egg, Mainz,
Professor Dr. Walter Leitner, Innsbruck,
Professor Hermann Maurer, Horn/Wien
Dr. Fritz Moosleitner, Salzburg,
Dr. Johannes-Wolfgang Neugebauer (1949–2002),
Klosterneuburg, und
Dr. Lothar Sperber, Speyer, gewidmet,
die mich bei den Recherchen
über Kulturen der Bronzezeit
in Österreich unterstützt haben,
sowie der wissenschaftlichen Graphikerin
Friederike Hilscher-Ehlert

Inhalt

Der dänische Archäologe
Christian Jürgensen Thomsen (1788–1865)
hat 1836 die Urgeschichte
nach dem jeweils am meisten verwendetem Rohstoff
in drei Perioden eingeteilt:
Steinzeit, Bronzezeit und Eisenzeit.

Vorwort

Die Nordtiroler Urnenfelder-Kultur (etwa 1300/ 1200 bis 800 v. Chr.) steht im Mittelpunkt des gleichnamigen Taschenbuches. Geschildert werden die Krankheiten der damaligen Ackerbauern, Viehzüchter und Bronzegießer, ihre Siedlungen, Kleidung, ihr Schmuck, ihre Keramik, Werkzeuge, Waffen, Haustiere, Jagdtiere, ihr Verkehrswesen, Handel und ihre Religion.

Verfasser dieses Taschenbuches ist der Wiesbadener Wissenschaftsautor Ernst Probst. Er hat sich vor allem durch seine Werke »Deutschland in der Urzeit« (1986), »Deutschland in der Steinzeit« (1991) und »Deutschland in der Bronzezeit« (1996) einen Namen gemacht.

Das Taschenbuch »Die Nordtiroler Urnenfelder-Kultur« ist Dr. Elisabeth Ruttkay (1926–2009), Professor Dr. Markus Egg, Professor Dr. Walter Leitner, Professor Hermann Maurer, Dr. Fritz Moosleitner, Dr. Johannes-Wolfgang Neugebauer (1949–2002) und Dr. Lothar Sperber gewidmet, die den Autor mit Rat und Tat bei Recherchen über Kulturen der Bronzezeit in Österreich unterstützt haben. Es enthält Lebensbilder der wissenschaftlichen Graphikerin Friederike Hilscher-Ehlert aus Königswinter.

PAUL REINECKE,
geboren am 25. September 1872
in Berlin-Charlottenburg,
gestorben am 12. Mai 1958 in Herrsching.
Er wirkte 1897 bis 1908
am Römisch-Germanischen Zentralmuseum
in Mainz. 1908 bis 1937
war er Hauptkonservator
am Bayerischen Landesamt
für Denkmalpflege in München.
1917 wurde er kgl. Professor.
Reinecke teilte 1902 die Bronzezeit
in die Stufen A bis D ein.
1902 sprach er von der Straubinger Kultur
sowie von der Grabhügelbronzezeit
und später von der Hügelgräber-Bronzezeit.

Die Spätbronzezeit in Österreich

Abfolge und Verbreitung der Kulturen und Gruppen

Die Spätbronzezeit umfasst in Österreich die Stufe Bronzezeit D (etwa von 1300 bis 1200 v. Chr.) sowie die Stufen Hallstatt A und B (etwa von 1200 bis 800 v. Chr.). Diese Einteilung geht auf den süddeutschen Prähistoriker Paul Reinecke (1872–1958) zurück.

In den meisten Gebieten Österreichs lebten von etwa 1300/1200 bis 800 v. Chr. die Menschen der Urnenfelder-Kultur.[1] Diese war – in verschiedenen regionalen Ausprägungen – im Burgenland, in Niederösterreich, Kärnten, der Steiermark, Oberösterreich, im Land Salzburg und teilweise in Vorarlberg beheimatet.

Im größten Teil Nordtirols existierte von etwa 1300/1200 bis 800 v. Chr. die Nordtiroler Urnenfelder-Kultur (s. S. ?17.

Im Burgenland behauptete sich in der Bronzezeit D von etwa 1300 bis 1200 v. Chr. gebietsweise die vor allem in der Slowakei heimische Caka-Kultur. Sie ist nur durch wenige Grabhügel, Brandbestattungen und Grabbeigaben nachgewiesen.

In einigen Gegenden Nordtirols und Vorarlbergs siedelten ab etwa 1200 bis 800 v. Chr. Angehörige der Laugen-Melaun-Gruppe, deren Lebensraum hauptsächlich in Südtirol und im Trentino lag.

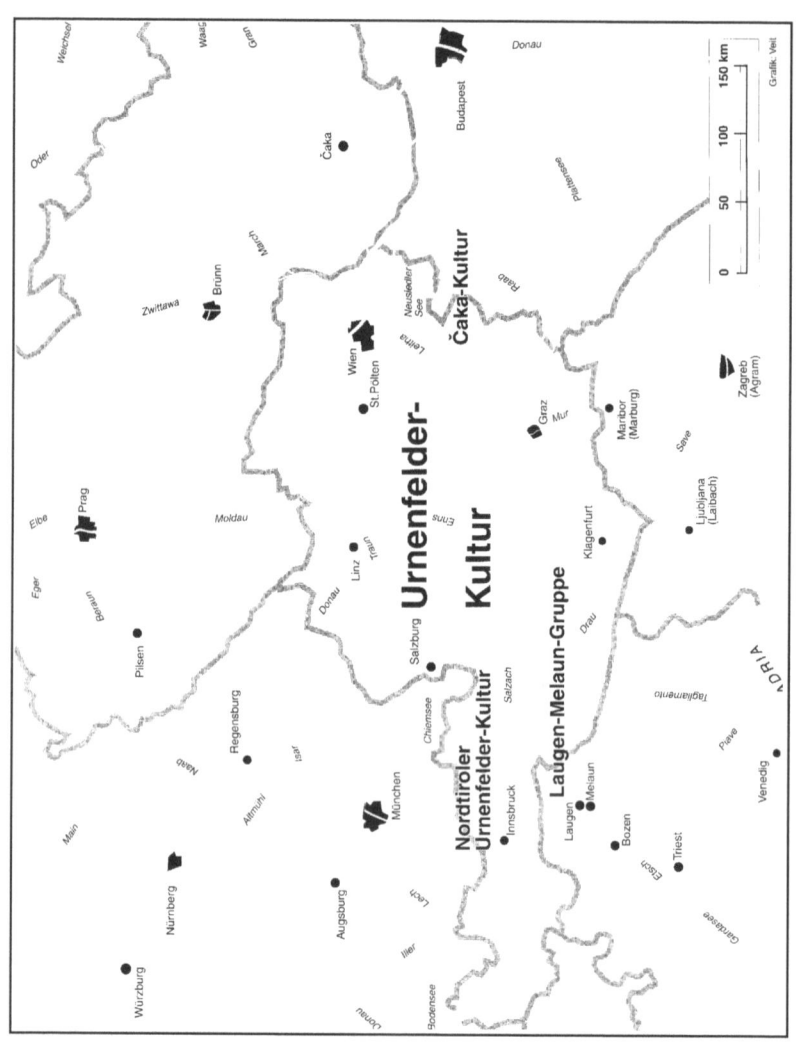

Verbreitung der Kulturen und Gruppen während der Spät-bronzezeit (etwa 1300/1200 bis 800 v. Chr.) in Österreich

14

So genannte »reiche Frau« der Urnenfelder-Kultur.
Gemälde des Münchener Malers Julius Naue (1832–1907)

KARL HEINZ WAGNER,
geboren am 10. Juli 1907
in Neunkirchen/Saar,
gefallen im Zweiten Weltkrieg
am 6. Februar 1944 bei Luga südlich von Leningrad.
Er promovierte 1934,
arbeitete 1935 bis 1937
am Rheinischen Landesmuseum Bonn
und war von 1937 bis 1939 Konservator
am Bayerischen Landesamt
für Denkmalpflege in München.
Karl Heinz Wagner hat 1934
in seiner Dissertation
den Begriff Nordtiroler Urnenfelder
verwendet, auf den der Name
Nordtiroler Urnenfelder-Kultur zurückgeht.

Golden glänzten die Helden in der Sonne

Die Nordtiroler Urnenfelder-Kultur

In den meisten Teilen Nordtirols existierte von etwa 1300/1200 bis 800 v. Chr. die Nordtiroler Urnenfelder-Kultur. Dieser Begriff geht auf den Münchener Prähistoriker Karl Heinz Wagner (1907–1944) zurück, dessen Werk »Nordtiroler Urnenfelder« 1943 erschien. Dagegen konnte sich der von einem Fundort in Innsbruck-Hötting abgeleitete Name Höttinger Kultur[1] nicht durchsetzen.

Die Menschen der Nordtiroler Urnenfelder-Kultur sind teilweise aus den Angehörigen der mittleren Inneralpinen Bronzezeit-Kultur (etwa 1600 bis 1300/1200 v. Chr.) hervorgegangen und teilweise zugewandert. Die Zuwanderer kamen vor allem aus Oberbayern.

An den Knochenresten aus dem Gräberfeld von Kapfing bei Fügen im Zillertal konnten die Wiener Anthropologen Maria Urschitz und Eike Meinrad Winkler (1948–1994) vor allem Symptome von Mangelerkrankungen erkennen. Dazu gehören Porosierungen am Gaumen, am Augenhöhlendach (Cribra orbitalia) und am Hirnschädel (Cribra cranii), Verdickungen im

Bereich der Stirn- und Scheitelbeinhöcker sowie Harris-Linien an den Langknochen, die als Zeichen für eine Störung des Längenwachstums der Knochen gelten. Diese Veränderungen an den Knochen zeugen allgemein von körperlichen und seelischen Belastungen sowie Parasitenbefall. Außerdem wurden in Kapfing Spondylose an Halswirbeln und rheumatisch-entzündliche Erkrankungen der Brustwirbelsäule festgestellt.

Tönerne Spinnwirtel aus Gräbern deuten darauf hin, dass die Kleidung aus Flachs und Schafwolle gesponnen wurde. Während in einem Grab von Innsbruck-Hötting nur ein Exemplar lag, konnten in einem Grab von Volders nicht weniger als neun scheibenförmige Spinnwirtel geborgen werden. Dass des weiteren auch Kleidungsstücke aus Leder getragen wurden, zeigte der Fund eines Wamses von der Kelchalpe bei Kitzbühel. Dieses Kleidungssstück wird in alten Mitteilungen erwähnt, blieb aber nicht erhalten.

In einem Grab von Volders fand sich eine komplett erhaltene 5,5 Zentimeter lange Nähnadel. Dagegen fehlte bei einer in mehrere Teile zerbrochenen Nähnadel von Imst die Spitze. Letztere Nähnadel war mit etwa zehn Zentimeter Länge (ohne Spitze) besonders groß.

Von der damaligen Bekleidung blieb nur das bronzene Zubehör in Form von Gewandnadeln, Gürtelhaken und -schließen erhalten. Sie kamen vor allem in Gräbern zum Vorschein.

Unter den Gewandnadeln gab es Kugelkopfnadeln mit geripptem Hals, Mohnkopf-, Vasenkopf- und Trompetenkopfnadeln. Kugelkopfnadeln fand man in Volders. Mohnkopfnadeln wurden in Gräbern von Volders, Sistrans und Natters (Sonnenburger Hügel) zutage gefördert. Trompetenkopfnadeln liegen aus Matrei-Schwemmäcker vor.

Gürtelhaken kennt man aus Innsbruck-Wilten und Imst. Gürtelschließen lagen in Gräbern von Aldrans, Innsbruck-Hötting, Innsbruck-Mühlau, Innsbruck-Wilten, Matrei am Brenner, Schwaz, Sonnenburg, Telfs und Volders. Allein in Innsbruck-Wilten wurden in 15 Gräbern Gürtelschließen entdeckt. Sie werden nach einem Fundort aus Bayern auch als Riegsee-Gürtelbleche bezeichnet.

An manchen der zum Schneiden der Bart- und Kopfhaare benutzten bronzenen Rasiermesser hafteten noch feine Härchen des Futterals, in dem dieses Toilettegerät aufbewahrt wurde. Das war bei den halbmondförmigen Rasiermessern aus Mühlbachl und Thaur der Fall, nicht dagegen bei den Rasiermessern von Imst und Volders.

Derzeit sind 34 Siedlungsstellen der Nordtiroler Urnenfelder-Kultur bekannt. Etwa zwei Drittel davon lagen im Oberinntal, im Wipptal und im Stubaital. Von den Siedlungen jener Zeit in Nordtirol lassen sich höchstens fünf mit Gräberfeldern in Verbindung bringen: nämlich die Siedlungen von Innsbruck-Amras[2], Zirl[3], Karrösten[4], Natters-Sonnenburger Hügel[5] und Wörgl-Kirchbichl[6].

Aus Innsbruck-Hötting liegen Hüttenlehmstücke mit Rutenabdrücken vor und aus Karrösten solche mit Abdrücken von teilweise größeren Stämmen und fingerdicken Ruten. Unter den Bewohnern der Siedlung von Wörgl im Talgrund der Brixentaler Ache gab es — nach bestimmten Funden zu urteilen — auch Metallhandwerker. Auf der Kelchalpe bei Kitzbühel wurden mehrere Gebäudereste, darunter ein 6,50 mal 4,50 Meter großer Steinunterbau einer Blockhütte, freigelegt.

Jagdbeutereste aus der Siedlung von Karrösten belegen gelegentliche Pirsch auf Rothirsche *(Cervus elaphus)* und Wildschweine *(Sus scrofa)*. Auf sporadische Hirschjagd deutet zudem ein am unteren Ende angeschliffenes und durchbohrtes Hirschgeweihende aus einem Grab von Innsbruck-Hötting hin. Dass zuweilen auch Braunbären *(Ursus arctos)* erlegt wurden, verraten zwei durchbohrte Reißzähne aus einem Grab von Innsbruck-Wilten.

Ein Teil der in Karrösten geborgenen Tierknochen stammte von Haustieren. Demnach hielten die Bewohner dieser Siedlung Rinder, Schweine sowie Schafe oder Ziegen. Dieselben Haustierarten sind auch auf der Kelchalpe bei Kitzbühel durch Knochenreste nachgewiesen.

Zum Formenschatz der Keramik der Nordtiroler Urnenfelder-Kultur gehörten Henkeltassen, Tassen,

Krüge, Saugfläschchen und Säulchenurnen. Ein tiergestaltiges tönernes Saugfläschchen für einen Säugling aus Innsbruck-Mühlau sollte vermutlich ein Haustier darstellen.

Untersuchungen von vier aus zwei Gräbern in Volders geborgenen Schmelzkuchenstücken ergaben, dass der Herkunftsort des dafür verwendeten Rohkupfers die Lagerstätte Schwaz-Brixlegg in Nordtirol ist. Dort hat man auch jenes Rohkupfer gefördert, das man auf einem Verhüttungsplatz bei Kundl-Lus[7] in Nordtirol verarbeitete.

Im Gebiet um Brixlegg[8] wurden die für den urgeschichtlichen Bergbau typischen Spuren von Feuersetzungen an bis zur Erdoberfläche reichenden Erzgängen entdeckt. In den Halden tauben Gesteins fanden sich urnenfelderzeitliche Keramikreste.

Außerdem hat man Kupfer aus den Lagerstätten um Kitzbühel – wie den Bergbaubereichen Kupferplatte und Kelchalpe[9] – gewonnen. Davon zeugen oberirdische Abbaugruben (Pingen), Abraumhalden (Scheidehalden), Kleidungsreste und Werkzeuge der Bergleute sowie zahlreiche Schmelzplätze im Raum Kitzbühel.

Von der Kelchalpe sind Kohlen, Reste der Feuersetzung bei Abbau des Erzes, angebrannte Hölzer, zahlreiche entzündete Leuchtspäne, ein aus Fichtenbrettern gezimmerter viereckiger Kasten und mehrere ebenfalls aus Fichtenholz hergestellte schüsselartige Geräte bekannt.

Zeichnung auf Seite 23:

Bronzezeitliche Metallhandwerker bei der Arbeit.
Flüssige Bronze wird in geschlossene Formen gegossen,
die in einem Sandbett stehen (Mitte vorn).
Neben einer Werkbank, auf der geschlossene
und offene Gussformen sowie Fertigprodukte liegen,
wird eine Sichel geschärft (rechts vorn).
Im Hintergrund (rechts) werden Bronzegefäße getrieben
und verziert (gepunzt) sowie ein Schwert geschliffen.
Zeichnung von Friederike Hilscher-Ehlert, Königswinter,
für das Buch »Deutschland in der Bronzezeit« (1996)
von Ernst Probst

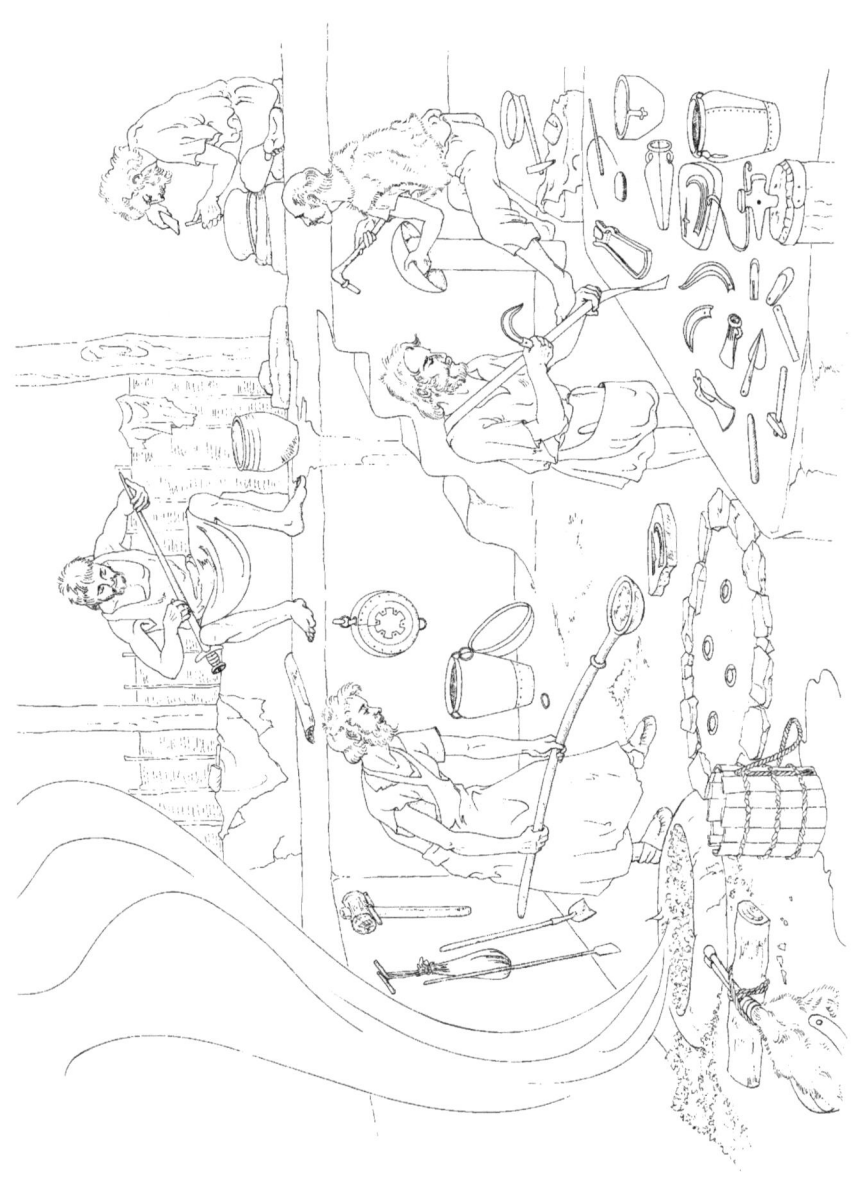

Unter einer bis zu zwei Meter hohen Abfallhalde auf der Kelchalpe kam der erwähnte Steinunterbau einer Blockhütte zum Vorschein. Neben den Arbeitsstätten wurden Haustiere gehalten, welche die Versorgung der Bergleute mit Fleisch und Milchprodukten gewährleisteten. Von den ehemaligen Siedlern zeugen Herde, Topfbruchstücke und kleine, gebogene bronzene Messer. Auch einen aus einem Fichtenstämmchen geschnittenen Quirl hat man geborgen.

Rätselhaft sind die Zeichen auf 88 Kerbhölzern von der Kelchalpe. Auf den nur wenige Zentimeter langen Astteilen von Fichten, Tannen, Haselnuss- und Vogelbeersträuchern sind Kerben angebracht, die Ähnlichkeiten mit geometrischen Figuren haben. Vielleicht dienten die Kerben als Zeichen, welche Rechte und Pflichten der Bergleute regelten. Oder es waren Marken zur Kontrolle von Leistungen – etwa bei Abrechnungen – oder Hölzer zum Losen.

Auch manche Bronzebeile und -pickel von anderen Fundorten sind mit Marken versehen, die als Werkstatt-, Kontroll- oder Besitzzeichen gedeutet werden.

Von damaligen Metallhandwerkern stammen des weiteren zwei in Völs gefundene Bronzebarren. Einer davon ist 12,8 Zentimeter lang, 1,6 Zentimeter breit und 1,8 Zentimeter dick, der andere 8,5 Zentimeter lang, 1,5 Zentimeter breit und 1,7 Zentimeter dick. Das Kupfer dieser beiden Funde stammt aus einer Abbaustätte in Nordtirol, vermutlich von der Kelchalpe.

Zu den bronzenen Werkzeugen der Nordtiroler Urnen-felder-Kultur gehörten Nähnadeln mit Öhr, Beilklin-gen und verschiedene Messertypen. Sie wurden zum Teil selbst angefertigt und teilweise von benachbarten Kulturen eingetauscht.

Die in einem Grab von Volders geborgene Beilklinge war nur fragmentarisch erhalten. Manche Beile mit bronzener Klinge und langem hölzernen Schaft dienten wohl als Werkzeuge zur Holzbearbeitung, andere dagegen als Waffen.

Bronzene Messer lagen in Gräbern von Imst, Kufstein (Gräberfeld Kienbichl) und Telfs. Keine andere Region der Urnenfelder-Kultur hat so viele Messertypen hervorgebracht wie Nordtirol. Zu ihnen gehörten die qualitätvollen Griffzungenmesser der Typen Matrei, Mühlau und Pfatten sowie einfachere Typen, darunter die Klingen mit Vorgewicht.

Die Männer der Nordtiroler Urnenfelder-Kultur wur-den nicht mit all ihren Schutz- und Angriffswaffen be-stattet. Nach Ansicht des Mainzer Prähistorikers Markus Egg gab man den Toten nur einige besonders presti-geträchtige Waffen mit ins Grab, die nach damaliger Anschauung für ein standesgemäßes Weiterleben im Jenseits erforderlich waren. Als wichtigste und wohl auch am meisten geschätzte Waffe galt – nach den Funden in Kriegergräbern zu schließen – das bronzene Schwert. In Nordtirol wurden vornehmen Kriegern vor allem reichverzierte Vollgriffschwerter ins Grab gelegt,

Foto auf Seite 27:

Kerbhölzer aus dem Bergbaugebiet Kelchalpe
bei Kitzbühel in Nordtirol.
Dort wurde in der Spätbronzezeit Kupfererz abgebaut.
Länge der Hölzer zwischen 4,4 und 6,2 Zentimetern.
Originale im Heimatmuseum Kitzbühel

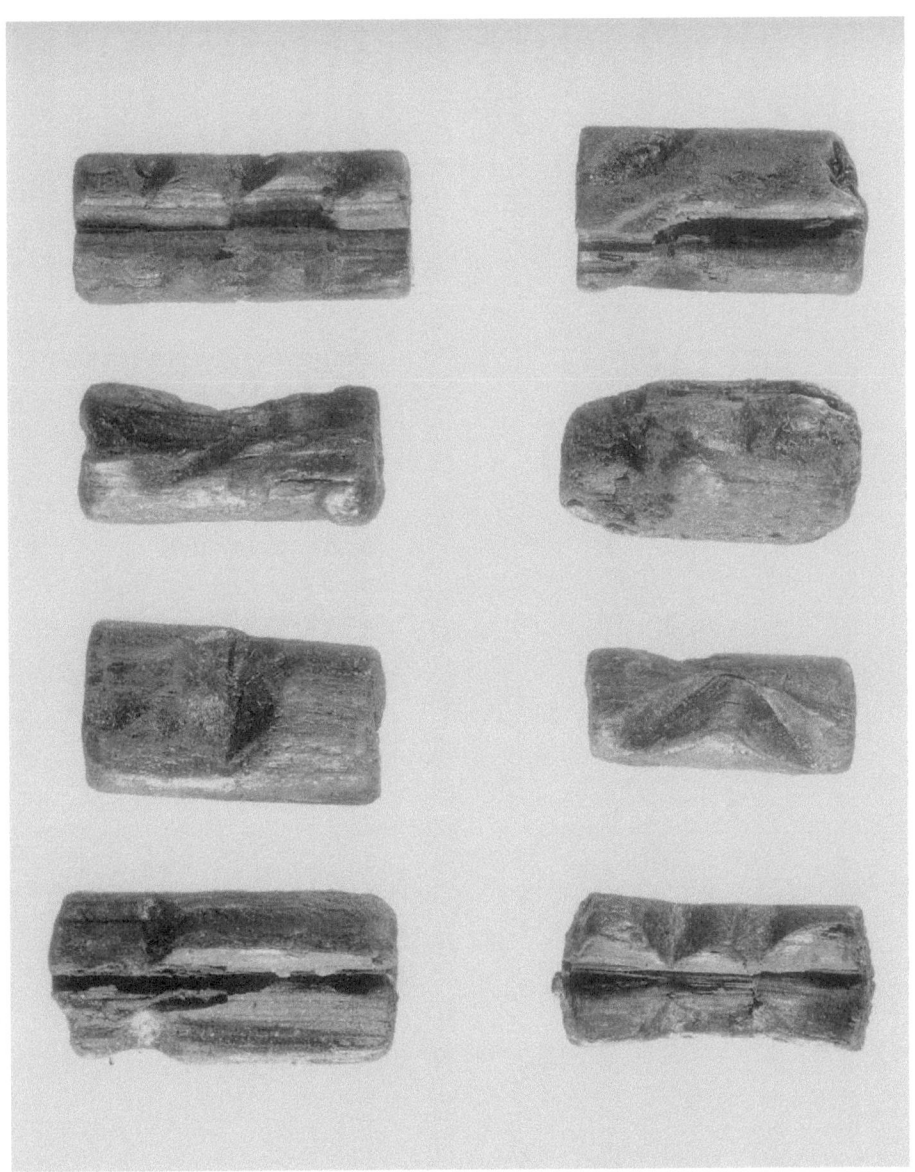

Bronzenes Griffzungenmesser
vom Typ Matrei
aus Grab 68
von Innsbruck-Wilten
in Nordtirol.
Solche Messer sind
nach dem Fundort Matrei
am Brenner bezeichnet.
Länge 21,8 Zentimeter.
Original im
Tiroler Landesmuseum
Ferdinandeum, Innsbruck

während Griffzungenschwerter eher von untergeordneter Bedeutung waren. Die nach einem bayerischen Fundort benannten Riegsee-Schwerter repräsentieren die älteste Gruppe der Vollgriffschwerter. Von ihnen sind in Nordtirol vier Exemplare entdeckt worden. Sie werden als Leittyp der Stufe Bronzezeit D betrachtet und dürften in Süddeutschland angefertigt worden sein. Die Riegsee-Schwerter wurden in der nachfolgenden Stufe Hallstatt A von den Dreiwulstschwertern abgelöst. Diesem Typ lassen sich die meisten der in Nordtirol aufgefundenen Schwerter zuordnen. Am häufigsten waren Dreiwulstschwerter des Typs Erlach, die üppig mit Spiralen und Wellenbändern geschmückt sind. Man datiert sie in die Stufe Hallstatt A 1. Ihr Verbreitungsschwerpunkt liegt in Oberbayern und Nordtirol, wo die dazugehörige Werkstatt vermutet wird.

Außerdem gab es in Nordtirol auch Dreiwulstschwerter der Typen Illertissen und Aldrans, die nach Funden in Bayern und Nordtirol bezeichnet sind. Die Schwerter vom Typ Illertissen aus der Stufe Hallstatt A 1 konzentrierten sich in Südwestdeutschland. Dagegen kamen die Schwerter vom Typ Aldrans gegen Ende der älteren Urnenfelder-Zeit auf. Das Ursprungsgebiet des letzteren Typs läßt sich nicht genau lokalisieren. Solche Waffen wurden in Süddeutschland, Nordtirol, Oberösterreich, Tschechien und in der Slowakei geborgen.

Noch jünger sind vermutlich die Schalenknaufschwerter aus einem Grab von Volders und aus der Hinterriss bei Schwaz. Sie gelten als Weiterentwicklung der Drei-wulstschwerter der Typen, Erlach Illertissen und Al-drans und werden an den Übergang von der älteren zur jüngeren Urnenfelder-Zeit beziehungsweise an den Beginn der Stufe Hallstatt B datiert.

Derselben Stufe gehört vermutlich das Antennen-schwert vom Typ Zürich aus Bings in Vorarlberg an, das außerhalb des Verbreitungsbereiches der Nordtiroler Urnenfelder-Kultur liegt. Mit diesen Funden endete die Schwerttradition im Nordteil der mittleren Alpen.

Schwerter vom Typ Mörigen und vom Typ Auvernier (nach Fundorten in der Schweiz) oder Antennen-schwerter vom Typ Weltenburg (nach einem Fundort in Bayern) liegen bislang aus dieser Region nicht vor.

Von den Schwertgehängen der Krieger blieben nur bronzene Doppelknöpfe übrig, während die Lederteile längst vergangen sind. An solchen Gehängen war die Scheide aus organischem Material befestigt, in der das Bronzeschwert steckte.

Außer mit Schwertern bewaffnete man sich zu Beginn der Urnenfelder-Zeit auch mit bronzenen Dolchen. In der Region nördlich und südlich der Alpen wurden ein-fache Griffplattendolche verwendet. Sie kamen im Laufe der Entwicklung der Urnenfelder-Zeit aus der Mode.

Weitere wichtige Angriffswaffen, die häufig mit dem Schwert kombiniert wurden, dürften Lanzen mit bronzener Spitze und hölzernem Schaft gewesen sein. In Nordtirol sind Lanzenspitzen meistens als Einzelfunde geborgen worden, nur zwei Exemplare lagen in Gräbern von Kitzbühel-Lebenberg und Innsbruck-Hötting III. Bei mehreren Funden handelte es sich um Lanzenspitzen aus der älteren Urnenfelder-Zeit mit gestuftem Blatt und geschwungener Schneide, wie sie vor allem im östlichen Mitteleuropa verbreitet waren.

Die Lanzenspitze vom Typ Hötting besitzt ein mit Linien verziertes Blatt und hat einen elegant geschwungenen Umriss. Jener Typ wurde über große Entfernungen hinweg getauscht. Man kennt Lanzenspitzen des Typs Hötting aus dem Depotfund von München-Widenmayerstraße, aus schweizerischen Seeufersiedlungen (»Pfahlbauten«), Trient, aus der Fliegenhöhle von Skocjan (deutsch: Sankt Kanzian) in Slowenien und aus Napajedla in Tschechien. Demnach handelte es sich um eine im Verbreitungsgebiet der Urnenfelder-Kultur beliebte Waffe.

Kleine bronzene Pfeilspitzen mit Tülle zur Aufnahme des hölzernen Schaftes belegen die Verwendung von Pfeil und Bogen. Es lässt sich nicht klären, ob diese Fernwaffe vor allem für die Jagd oder für den Kampf eingesetzt wurde. Eine Pfeilspitze lag zum Beispiel im Gräberfeld am Kienbichl von Kufstein.

Bei den bronzenen Beilklingen ist nicht zu unterscheiden, ob sie von Waffen oder von Werkzeugen stammten. In Nordtirol sind bisher nur Lappenbeile bekannt. Aus den Ostalpen stammende Lappenbeile fand man in Schwaz, Innsbruck-Amras, Innsbruck-Mühlau,

Kitzbühel, Stanz und Tulfes. Südalpine und oberitalische Beiltypen konnten in Angath, Wörgl, Imst und Stanz geborgen werden.

Bronzene Helme, Panzer und Rundschilde, wie sie in anderen Gegenden Mitteleuropas aus Fluss- und Depotfunden vorliegen, kamen bisher in Nordtirol nicht zum Vorschein. Die Schilde könnten auch aus organischem Material hergestellt worden sein, dessen Haltbarkeit begrenzt ist.

Nach Überzeugung des deutschen Prähistorikers Lothar Sperber aus Speyer haben manche Krieger der Nordtiroler Urnenfelder-Kultur bronzene Beinschienen getragen. Er deutet einige stark verschmolzene und mit Buckelreihen verzierte Bronzeblechreste aus dem Gräberfeld von Volders als Fragmente geschnürter Beinschienen.

Lothar Sperber begründet seine Annahme vor allem damit, dass die Zierbuckel auf den Bronzeblechresten mit einem Durchmesser von bis zu 1,5 Zentimetern für Tassen und die meisten anderen Bronzegefäße jener Zeit zu groß sind. Auch verzierte Eimer, die nur vereinzelt solche großen Zierbuckel aufweisen, kommen nicht in Betracht, weil eines der Blechfragmente aus Volders mit einem Anordnungsmuster von Zierbuckeln versehen ist, das bei Eimern bislang nirgendwo festgestellt wurde.

Von bronzenen Helmen und Schilden können die Bronzeblechreste aus Volders ebenfalls nicht stammen, weil buckelverzierte Schutzwaffen erst später in Mode kamen. Somit bleiben Brustpanzer und Beinschienen übrig. Dass es sich wohl eher um letztere handelt, belegt das Dekormuster eines der Bronzeblechfragmente, das sehr den Beinschienen von anderen Fundorten ähnelt.

Die Beinschienenreste von Volders sind verschmolzen, weil sie zusammen mit ihrem verstorbenen Besitzer im Feuer des Scheiterhaufens gelegen hatten. Viel besser erhalten sind bronzene Beinschienen, die als Opfergaben dienten. Dazu gehören zwei Exemplare aus Pergino im Trentino und eines von Malpensa in der Lombardei, beide in Italien gelegen. Auch in Süddeutschland sind Reste von bronzenen Beinschienen aus der Urnenfelder-Zeit geborgen worden.

Helm, Brustpanzer, Schild und Beinschienen der urnenfelderzeitlichen Krieger waren nach Ansicht von Experten weniger zum Schutz im Kampf gedacht als vielmehr zum Prunk und zur Repräsentation. Das Bronzeblech dieser Ausrüstungsgegenstände ließ die spätbronzezeitlichen Helden im Sonnenlicht golden erstrahlen. Die Eitelkeit feierte schon vor mehr als 3000 Jahren Triumphe.

Von Tauschgeschäften zeugen außer bronzenen Schwertern fremder Herkunft auch typische Krüge und andere Tongefäße der Laugen-Melaun-Gruppe sowie Bronzetassen aus fernen Gebieten.

Wie erwähnt, wurden Schwerter aus Süddeutschland und der Schweiz bezogen. In Volders und Mühlbachl-Matrei fand man formschöne Keramik der vor allem in Südtirol heimischen Laugen-Melaun-Gruppe. Bron-zetassen waren aus nördlichen Gebieten importiert worden.

Bei den in Nordtirol entdeckten Bronzetassen handelt es sich um den Typ Fuchsstadt (nach einem Fundort in Bayern) und den Typ Jenisovice (nach einem Fundort in Böhmen), dessen Bezeichnung früher Typ Kirkendrup lautete.

Tassen vom Typ Fuchsstadt kamen in Gräbern von Mühlbach bei Matrei am Brenner, Völs und Volders zum Vorschein. Tassen vom Typ Jenisovice barg man in Gräbern von Innsbruck-Wilten, Mühlbachl und Volders. Bronzetassen waren damals so beliebt, dass sie zuweilen aus metallischglänzendem Ton nachgebildet wurden. Tönerne Repliken von Bronzetassen liegen aus Amras (Nordtirol) und aus dem Gräberfeld von Innsbruck-Wilten vor.

Schmuckstücke hat man aus Tierzähnen, Bronze, Bernstein, Glas und Gold angefertigt. Damit wurden der Hals, die Kleidung, die Arme, die Finger und der Gürtel geschmückt. Schmuckstücke fanden sich vor allem in Gräbern.

In einem Grab von Innsbruck-Wilten lagen zwei durchbohrte Reißzähne eines Braunbären. Sie dienten vermutlich als Anhänger an einer Halskette oder als Kleidungsbesatz.

Aus Volders kennt man kräftig gerippte bronzene Armreife und aus Imst bronzene Fingerringe sowie Spiralen des Hals- oder Gürtelschmucks.

Durchbohrte Bernsteinperlen hat man in Matrei am Brenner und Sistrans geborgen. Sie sind auf dem Tauschweg nach Nordtirol gelangt.

Bunte Glasperlen befanden sich in Gräbern von Innsbruck-Mühlau, Innsbruck-Wilten, Völs und Volders. Einer im Friedhof von Volders bestatteten Frau war eine Kette mit 78 blauen Glasperlen mit ins Grab gegeben worden.

Aus Gold wurden Spiralröllchen angefertigt und dünne Überzüge für Zierscheiben oder Knöpfe mit einem Kern aus Kupfer beziehungsweise Bronze hergestellt. Auf Goldschmuck stieß man ausschließlich in Frauengräbern. Dieses Edelmetall war nicht nur der Führungsschicht vorbehalten.

Goldene Spiralröllchen lagen in drei Gräbern von Innsbruck-Mühlau sowie in je einem Grab von Innsbruck-Hötting I und Telfs. Goldene Zierscheiben hat man in Innsbruck-Mühlau (ein Exemplar) und in Innsbruck-Wilten (drei Exemplare) entdeckt. Sie werden dem nach einem ungarischen Fundort bezeichneten Typ Velem-Szentvid (zu deutsch Sankt Veit) zugerechnet. Sein Kennzeichen ist, dass die auf der Rückseite der Unterlagscheibe gefalzte Goldfolie zusätzlich von einem umkordelten Draht eingefasst wurde, der an die Scheibe angebunden war.

In Sistrans barg man das Bruchstück eines Goldbleches, das mit konzentrischen Kreisen und einer gekerbten Leiste verziert ist. Die konzentrischen Kreise

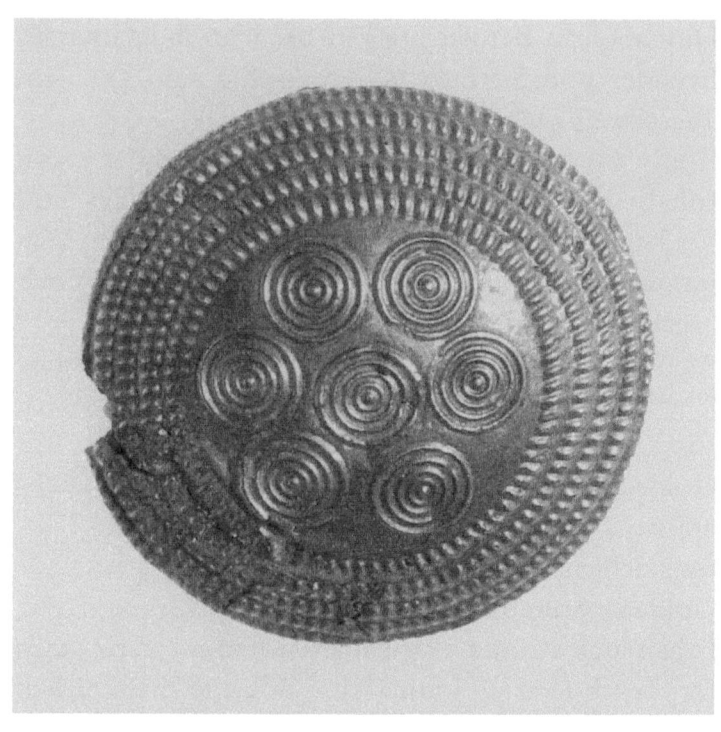

Verzierte Goldblechscheibe auf einer Bronzeunterlage
aus Grab 1 von Innsbruck-Mühlau in Nordtirol.
Durchmesser 2,8 Zentimeter.
Original im Tiroler Landesmuseum Ferdinandeum,
Innsbruck

gelten als Sonnensymbole. Das Goldblechfragment aus Sistrans ist verschollen. Vergoldete Knöpfe sind in Gräbern von Innsbruck-Wilten und Innsbruck-Mühlau zum Vorschein gekommen.

Die Menschen der Nordtiroler Urnenfelder-Kultur haben auch dem Spiel gefrönt. Darauf deuten Spielwürfel aus Gräbern von Innsbruck-Hötting, Innsbruck-Wilten und Volders hin. Sie sind aus bestimmten Tierknochen (Astragali) geschaffen.

Von den bisher entdeckten 34 Gräberfeldern befinden sich mehr als zwei Drittel im Innsbrucker Talbecken und im unteren Inntal. Zu den größten Gräberfeldern zählen jene von Volders[10], Innsbruck-Wilten[11], Innsbruck-Hötting[12], Innsbruck-Mühlau[13] und Mühlbachl-Matrei[14]. Kleinere Friedhöfe liegen in Imst[15], Völs[16], Zirl[17] und Telfs[18].

In Volders hat man 431 Brandgräber erfasst, weitere 70 werden unter einer Straße vermutet, die den Friedhof durchquert. Am Rand des Gräberfeldes lagen vier Verbrennungsplätze mit einer mächtigen Kohle- und Aschenschicht, die mit Knochensplittern und Keramikfragmenten durchsetzt war. Der größte Verbrennungsplatz, auf dem die Leichen auf Scheiterhaufen dem Feuer überantwortet worden, hatte eine Länge von sieben Metern und eine Breite von vier Metern.

In Volders wurden nach dem Verbrennen der Leichen die Knochenreste mitsamt den spärlichen Beigaben aus dem Scheiterhaufen aufgelesen und meistens in kleinen,

Zeichnung auf Seite 39:

*Brandbestattung in der Spätbronzezeit
in Westdeutschland.
Zeichnung von Friederike Hilscher-Ehlert, Königswinter,
für das Buch »Deutschland in der Bronzezeit« (1996)
von Ernst Probst*

häufig mit Steinen eingefassten oder überhäuften Grabgruben bestattet. Seltener bewahrte man die Knochenreste in tönernen Urnen auf und legte unversehrt gebliebene Beigaben dazu.

Eine Analyse durch Lothar Sperber ergab, dass in Volders während der späten Mittelbronzezeit nur eine einzige Familie gelebt hatte. Ab der Spätbronzezeit wohnten dort zunächst zwei bodenständige Familien, denen sich wenig später zwei aus dem oberbayerischen Gebiet zugewanderte Familien hinzugesellten. Nach Berechnungen Sperbers gehörten zu jeder dieser insgesamt vier Familien acht bis neun Menschen – nämlich ein Elternpaar, fünf bis sechs Kinder und ein Überlebender der Großeltern.

Die vier Familien von Volders beerdigten ihre Toten in vier voneinander getrennten Bestattungsgruppen oder Teilfriedhöfen. Sperber bezeichnete diese vier Bestattungsgruppen – nach ihrer Lage im Gräberfeld – als Nordost-, Südost-, Mittel- und Westgruppe. Die Nordost-und die Südostgruppe gehen – nach den Grabbeigaben zu schließen – auf die Zuwanderer aus Oberbayern zurück, während die Friedhöfe der Mittel- und Westgruppe von Familien der alteingesessenen Bevölkerung Nordtirols angelegt wurden.

Zum Tragen eines Schwertes war während der gesamten Belegungszeit des Gräberfeldes in Volders jeweils nur ein einziger Mann aus ein und derselben Gruppe

berechtigt. Dabei handelte es sich um jene fremd-
stämmige Gruppe, die ihre Toten zunächst in der
Nordostgruppe und später – nach dem Verschwinden
der bodenstämmigen Gruppen – in der Mittelgruppe
bestattete.

Gelegentlich ist es in Volders zu Hochzeiten zwischen
Zuwanderern und Einheimischen gekommen. So hat
eine Frau der fremdstämmigen Gruppe in eine bodenständige Familie eingeheiratet, die in der Mittelgruppe des Gräberfeldes ihre Toten beisetzte.

Die Angehörigen der fremdstämmigen Gruppen un-
terschieden sich durch ihre Grabformen und Grabbeigaben von den Einheimischen. Sie errichteten
meistens Urnengräber sowie große, manchmal sogar
mannslange, steinkistenartige Grabgruben. Zudem
legten sie im Gegensatz zu den Einheimischen den
Verstorbenen vielfach unverbrannte Beigaben mit ins
Grab.

Nach vier beziehungsweise sieben Generationen von
schätzungsweise je 26 Jahren – das heißt nach etwa 100
beziehungsweise 170 bis 180 Jahren – verschwanden
die beiden alteingesessenen Siedlungsgemeinschaften.
Sie sind entweder ausgestorben oder weggezogen. Ihre
Friedhofsareale wurden nach und nach von den beiden
fremdstämmigen Siedlungsgemeinschaften übernom-
men. Die Nordostgruppe wechselte auf das Areal der
Mittelgruppe und die Südostgruppe auf das Areal der
Westgruppe.

Ab der achten oder neunten Generation sind – laut Lothar Sperber – die fremdstämmigen Gruppen auf insgesamt acht Familien angewachsen. In der neunten oder zehnten Generation erreichten sie mit schätzungsweise 60 bis 70 Personen den Höhepunkt der Bevölkerungsentwicklung. In der fünfzehnten Generation um 980 v. Chr. gab es nur noch zwei Familien und in der siebzehnten um 930 v. Chr. nur noch eine Familie, die in der zwanzigsten Generation um 840 v. Chr. wegzog oder ausstarb.

Zum Gräberfeld von Innsbruck-Wilten gehörten 161 Brandgräber. Dort war schon 1652 ein hoher tönerner Becher als erster Fund geborgen worden. Die Brandgräber wurden zwischen 1910 und 1925 von verschiedenen Ausgräbern erforscht. Auch in Innsbruck-Wilten durfte vermutlich nur ein einziger Mann ein Schwert tragen.

In Innsbruck-Hötting hat man sogar drei Gräber-felder der Nordtiroler Urnenfelder-Kultur entdeckt. Zum Gräberfeld Hötting I gehörten 49 Gräber, zum Gräberfeld Hötting II 125 Gräber und zum Gräberfeld Hötting III (auch Hötting III-Allerheiligenhöfe genannt) einige Brandgräber. Davon wurden Hötting I und II schon in der älteren Urnenfelder-Zeit belegt, während in Hötting III erst in der jüngeren Urnenfelder-Zeit Bestattungen erfolgten.

Das Gräberfeld von Mühlbachl-Matrei zählte 112 Brandgräber, das von Innsbruck-Mühlau 76, das von

Ims 53, das von Völs 51, das von Kapfing etwa 50, das von Zirl 30, das von Telfs 24, das von Kufstein acht und das von Westendorf vier bis acht Brandgräber. In Schwaz (Sankt Martin) gab es möglicherweise drei Gräberfelder, von denen Schwaz I mehrere Brandgräber und Schwaz II mindestens neun Brandgräber umfasste. Dazwischen lag das vermutete Gräberfeld Schwaz III. Über die religiösen Vorstellungen der Menschen im Gebiet der Nordtiroler Urnenfelder-Kultur weiß man wenig. Auf einen Sonnenkult deuten nur die Sonnensymbole auf dem beschriebenen Goldblech von Sistrans hin.

Vereinzelte Waffenfunde auf Alpenpässen könnten als Weihegaben für höhere Mächte oder Dankopfer für eine glückliche Überquerung der Alpen gedacht gewesen ein. Vielleicht hat beispielsweise das fast 75 Zentimeter lange Riegsee-Schwert vom Piller in Nordtirol als ein solches Dankopfer gedient. Große Depot- und Flussfunde, wie sie ansonsten im Ostalpengebiet recht häufig sind, kennt man – dem Prähistoriker Markus Egg zufolge – aus dem Bereich der Nordtiroler Urnenfelder-Kultur nicht.

Verzierte tönerne Säulchenurne
aus Natters-Sonnenburg in Nordtirol.
Säulchenurnen sind typisch
für die Nordtiroler Urnenfelder-Kultur.
Höhe 23,8 Zentimeter.
Original im Tiroler Landesmuseum Ferdinandeum,
Innsbruck

44

Anmerkungen

Die Spätbronzezeit in Österreich
1] Die Zusammenstellung dieser Übersicht über die Verbreitung und Zeitdauer von Kulturen der Spätbronzezeit entstand 1996 mit Hilfe der Prähistoriker Jo-hannes-Wolfgang Neugebauer vom Bundesdenkmalamt Wien und Walter Leitner an der Leopold-Franzens-Universität, Innsbruck.

Die Nordtiroler Urnenfelder-Kultur
1] Der Begriff Höttinger Kultur wurde 1926 von dem Wiener Höhlenkundler Georg Kyrle (1887–1937) eingeführt.
2] 1971 wurde im Aushubmaterial für die Fundamentierung eines Neubaus in der Luigenstraße von Innsbruck-Amras eine größere Anzahl urnenfelderzeitlicher Scherben gefunden.
3] Als 1974 bei Bauarbeiten in Zirl der »Schloßhäuslerhof« abgerissen wurde, kamen auf dem davor liegenden Wiesengrundstück einige urnenfelderzeitliche Scherben zum Vorschein.
4] In Karrösten stieß im Juni 1979 Bürgermeister Gebhard Oppl in seiner Gärtnerei bei Ausschachtungsarbeiten für einen Öltank auf urgeschichtliche Kulturschichten, die in der Folgezeit von dem Bodendenkmalpfleger für Tirol und Vorarlberg, Wilhelm Sydow vom Bundesdenkmalamt, untersucht wurden.

5] Die Siedlung von Natters-Sonnenburger Hügel wurde 1959/60 bei einer Notgrabung durch den Innsbrucker Prähistoriker Osmund Menghin (1920–1989) und die Innsbrucker Studentin Liselotte Plank untersucht.

6] In Wörgl-Kirchbichl haben 1842 bis 1844 der Antiquitäten-Verein, 1934 bis 1937 der damals im hessischen Marburg arbeitende Prähistoriker Gero von Merhart (1886–1959) sowie 1950 bis 1954 der Prähistoriker Leonhard Franz (1895–1974) aus Innsbruck und Paul Weitlaner (1884–1968) aus Wörgl Grabungen vorgenommen. Weitlaner war als Kind nach Wörgl gekommen, hatte später als Lehrer und Direktor der Handelsakademie in Linz/Donau gearbeitet und seinen Lebensabend in Wörgl verbracht.

7] Der Verhüttungsplatz bei Kundl-Lus wurde im Laufe der seit 1974 in der Schottergrube Wimpissinger durchgeführten Ausgrabungen von dem Studenten Wilfried Allinger aus Innsbruck entdeckt und 1977 angegraben.

8] Im Bergbaugebiet um Brixlegg hat 1975/76 der Baumeister Albert Kofler aus Angath die für den urgeschichtlichen Bergbau typischen Spuren von Feuersetzungen an Erzgangausbissen festgestellt. In den Halden von taubem Gestein am Fuße des Ausbisses lagen urnenfelderzeitliche Keramikreste, die von den damals in München arbeitenden Prähistorikern Georg Kossack und Amei Lang begutachtet wurden.

9] Der Wiener Fabrikant und Prähistoriker Matthäus Much (1832–1909) berichtete 1879 über urgeschichtliche Funde aus dem Gebiet der Kelchalpe. 1879 befasste sich der Forstmann Alexander Schernthanner aus Kitzbühel mit den Problemen des urgeschichtlichen Bergbaus. 1924 untersuchten Georg Kyrle (s. Anm. 1) und 1929 der Apotheker Konrad Vogl (1891–1981) aus Kitzbühel die Reste urgeschichtlichen Bergbaus. Im Sommer 1931 beging der Wiener Prähistoriker Richard Pittioni (1906–1985) die Kelchalpe. Danach nahmen Pittioni und der Bergingenieur Ernst von Preuschen (1898–1973) aus Salzburg vom 25. Juli bis 4. August 1932, vom 1. bis 10. August 1933, vom 17. bis 27. Juli 1934, vom 14. Juli bis 10. August 1935 und vom 1. bis 25. Juli 1936 Grabungen vor.

10] Die ersten Funde aus dem Gräberfeld von Volders (Johannisfeld) kamen 1955 beim Grundaushub für Wohnbauten zum Vorschein. Sie weckten das Interesse des Juristen und Personalchefs Alfons Kasseroler (1893–1972) aus Wattens, der von 1955 bis 1957 Grabungen vornahm.

11] Der erste Fund aus Innsbruck-Wilten war ein hoher tönerner Becher, der schon 1652 entdeckt wurde. Weitere Funde folgten im 18. Jahrhundert, bei der Anlegung von Grabschächten im neuen Friedhof während der Jahre 1902 bis 1907 sowie beim Bau des Stationsgebäudes für die Stubaitalbahn im März 1904. 1910 stieß man bei Kanalisationsarbeiten vor dem Stationsgebäude auf Gräber, worauf der Archäologe Franz Ritter von Wieser (1848–1923), der Vorstand des Tiroler Landesmuseums Ferdinandeum, Innsbruck, die Gräber 91 bis 107 freilegte. Als 1916/17 für ein Materialdepot der Armee Einschnitte angelegt wurden, bargen Wieser sowie der Arzt und Geologe Hans Malfatti (1864–1945) aus Innsbruck die Gräber 1 bis 90. 1924/25 grub der damals in Innsbruck wirkende Prähistoriker Gero von Merhart (s. Anm. 6) die Gräber 111 bis 147 aus. 1954/55 erfolgten Grabungen durch Alfons Wotschitzky (1917– 1969), den Vorstand des Archäologischen Instituts der Universität Innsbruck, und durch Osmund Menghin (s. Anm. 5).

12] Im Herbst 1864 kamen in Innsbruck-Hötting bei der Zurücksetzung einer Mauer in der Höttinger Gasse Nr. 8 einige Urnen zum Vorschein, die von den Arbeitern beim Abgraben des Terrains zerstört wurden. Daraufhin ließ das Tiroler Landesmuseum Ferdinandeum 1864 durch den Kunst- und Kulturhistoriker sowie Archivar David von Schönherr (1822–1897) graben, 1874 durch den Gymnasialprofessor Johann Schuler (1840–1917), 1882/83 durch Franz Ritter von Wieser (s. Anm. 11). Dieses Gräberfeld wird als Hötting I bezeichnet. Beim Bau des neuen Gemeindehauses wurde 1925 das Gräberfeld Hötting II entdeckt, das Gero von Merhart (s. Anm. 6) untersuchte. Auf den nur wenige Gräber umfassenden Friedhof Hötting III stieß man 1958 beim Hausbau in Allerheiligenhöfe. Bei späteren Arbeiten hat man ein weiteres Grab angeschnitten, in dem eine Lanzenspitze, ein Flügellanzenschuh, ein Griffangelmesser und eine konische Schale lagen. Letzterer Fundort wird gelegentlich als Hötting III-Allerheiligenhöfe bezeichnet.

13] In Innsbruck-Mühlau führte 1901 Franz Ritter von Wieser (s. Anm. 11) auf dem Gelände des Schulhauses auf dem Schloßfeld eine Grabung durch.

14] In Mühlbachl-Matrei wurden 1864 beim Umbau der Brennerstraße vor dem nördlichen Ortseingang zahlreiche Urnengräber angeschnitten. 1889 kamen beim Bau der Amort'schen »Remise« weitere Gräber zum Vorschein, die von Franz Ritter von Wieser (s. Anm. 11), Kustos Konrad Fischnaler (1855–1941) aus Innsbruck und Dekan Albert von Hörmann (1839–1915) aus Matrei geborgen wurden.

15] In Imst wurden 1939 bei Aushubarbeiten für ein Kinderheim einige Urnen freigelegt und sieben Urnenbestattungen für das Imster Heimatmuseum geborgen. An der Bergung beteiligte sich der Oberlehrer a. D. und Heimatforscher Karl Kugler (1877–1961) aus Imst. Im Sommer 1939 wurde der Raum vor dem Südwesteck des Kinderheimes während der Bauarbeiten von dem Innsbrucker Prähistoriker Franz Miltner (1901–1959) untersucht. 1949 grub Osmund Menghin (s. Anm. 5) in Imst.

16] In Völs wurden 1882 bei der Anlage des Bahneinschnittes viele Urnen, Beigefäße und Bruchstücke eines Bronzeschwertes entdeckt. Von Februar bis März 1882 führte Franz Ritter von Wieser (s. Anm. 11) eine Grabung durch, wobei er die Gräber 12 bis 51 freilegte.

17] In Zirl wurden nach einer Brandkatastrophe im Sommer 1908 einzelne Häuser nicht wieder aufgebaut, sondern ganz neue Häuser errichtet. Beim Ausheben des Braugrundes für Betonmauern und Keller eines Hauses wurden etwa 30 Gräber zerstört.

18] Auf dem Ematbödele in Telfs gruben 1934 die Kunstmalerin und Kunstgewerblerin Hilde Ameseder-Baur aus Innsbruck und der ehemalige Hausmeister des Tiroler Landesmuseums Ferdinandeum, Vinzenz Schneider..

Literatur

Die Spätbronzezeit in Österreich

LEITNER, Walter: Die späte Bronzezeit und die Urnenfelderkultur. Aus: FONTANA, Josef / HAIDER, Peter W. / LEITNER, Walter / MÜHLBERGER, Georg / PALME, Rudolf / PARTEL, Otmar / RIEDMANN, Josef: Geschichte des Landes Tirol, Band 1, S. 76–82, Bozen 1985

LOCHNER, Michaela: Späte Bronzezeit, Urnenfelderkultur. Aktueller Überblick über die Urnenfelderkultur im Osten Österreichs. Aus: NEUGEBAUER, Johannes-Wolfgang (Herausgeber): Bronzezeit in Österreich. Wissenschaftliche Schriftenreihe Niederösterreich, Band 16, S. 195–224, Wien 1994

NEUGEBAUER, Johannes-Wolfgang: Späte Bronzezeit = Urnenfelderkultur 1300/1250–750/700 v. Chr. Aus: Urgeschichte in Niederösterreich, Wissenschaftliche Schriftenreihe Niederösterreich, Heft 39/40, S. 31–36, St. Pölten-Wien 1983

PENNINGER, Ernst: Urnenfelderzeit (1250-750 v. Chr.). Aus: DOPSCH, Heinz (Herausgeber): Geschichte Salzburgs. Band I. Vorgeschichte, Altertum, Mittelalter, I. Teil, S. 43–50, Salzburg 1981

PITTONI, Richard: Die späte Bronzezeit. Aus: Urgeschichte. Allgemeine Urgeschichte und Urge_schichte Österreichs, S. 167–174, Leipzig und Wien 1937

URBAN / Otto H.: Ein zweites urnenfelderzeitliches Bronzedepot von Linz-Freinberg. Archäologie Österreichs, Band 2, Heft 2, S. 37–38, Wien 1991

VIERTLER, Johann: Ein urnenfelderzeitliches Depot von Kupfergußkuchen in Zensweg bei St. Veit an der Glan. Carinthia, Jahrgang 163, S. 9–12, Klagenfurt 1973

WILLVONSEDER, Kurt: Die Kultur der süddeutschen Urnenfelder in Österreich. Germania, Band 18, S. 182–189, Frankfurt am Main 1934

WINKLER, Eike-Meinrad / GROSSSCHMIDT, Karl: Symptome einer Hungerosteophathie an einem Skelett aus einer urnenfelderzeitlichen Siedlungsgrube in Mannersdorf am Leithagebirge, NÖ. Fundberichte aus Österreich, Band 26, S. 95–102, Wien 1987

ZSCHOCKE, Karl / PREUSCHEN, Ernst: Das urzeitliche Bergbaugebiet von Mühlbach-Bischofshofen. Materialien zur Urgeschichte Österreichs, Wien 1932

Die Nordtiroler Urnenfelder-Zeit

EGG, Markus: Spätbronze- und eisenzeitliche Bewaffnung im mittleren Alpenraum. Aus: Die Räter I Reti, S. 401–438, Bozen 1952

KYRLE, Georg: Höttinger Kultur. Aus: EBERT, Max: Reallexikon der Vorgeschichte, fünfter Band, S. 395, Berlin 1926

KYRLE, Georg: Die Höttinger Kultur in ihrer Beziehung zu den endbronzezeitlichen Kupferbergwerken der nördlichen Ostalpen. Wiener Prähistorische Zeit-schrift, 19. Jahrgang, S. 9–24, Wien 1932

LEITNER, Walter: Die Fundstellen vom Montikel bei Bludenz. Dissertation, Innsbruck 1976

LEITNER, Walter: Die späte Bronzezeit und die Urnenfelderkultur. Aus: Geschichte des Landes Tirol, Band 1, S. 76–82, Bozen 1985

MENGHIN, Osmund / KNEUSSL, Werner: Ein Riegseeschwert vom Piller in Tirol. Bayerische Vorgeschichtsblätter, Jahrgang 34, Heft 1/2, S. 30–35, München 1969

MERHART, Gero von: Karl Heinz Wagner. Bayerische Vorgeschichtsblätter, Heft 17, S. 93, München 1948

MILTNER, Franz: Ein Urnenfeld in Imst (Tirol). Wiener Prähistorische Zeitschrift, 28. Jahrgang, S. 128–144, Wien 1941

PREUSCHEN, Ernst / PITTIONI, Richard: Unter-suchungen im Bergbaugebiete Kelchalpe bei Kitzbü-hel in Tirol. Erster Bericht über die Arbeiten 1931-1936 zur Urgeschichte des Kupferbergbauwesens in Tirol. Mitteilungen der Prähistorischen Kommission der Akademie der Wissenschaften, 3. Band, Nr. 1–3, Wien 1937

SCHERNTHANNER, Alexander: Beschreibung ei-niger prähistorischer Ausgrabungen in Tirol. Mittei-lungen der Anthropologischen Gesellschaft, Band 13, S. 59–62, Wien 1893

SPERBER, Lothar: Zur Spätbronzezeit im alpinen Inn- und Rheintal. Aus: Die Räter I Reti, S. 53–90, Bozen 1992

SYDOW, Wilhelm: Eine urnenfelderzeitliche Siedlung in Karrösten, BH Imst. Fundberichte aus Österreich 1980, Band 19, S. 235–247, Wien 1981

VOGL, Konrad: Bergbau und urgeschichtliche Funde um Kitzbühel (Nordtirol). Wiener Prähistorische Zeitschrift, 16. Jahrgang, S. 34–39, Wien 1929

WAGNER, Karl Heinz: Nordtiroler Urnenfelder. Römisch-Germanische Forschungen, Band 15, Berlin 1943

Bildquellen

Klaus Benz, Fotograf, Mainz-Laubenheim: 59
Friederike Hilscher-Ehlert, Königswinter: 57
Reproduktionen von Fotos aus dem Buch »Deutschland in der Bronzezeit« (1996) von Ernst Probst: 27 (Heimatmuseum Kitzbühel), 16 (Philipps-Universität Marburg, Fachbereich Altertumswissenschaften, Vorgeschichtliches Seminar), 12 (Römisch-Germanisches Zentralmuseum, Mainz), 28, 36, 44 (Tiroler Landesmuseum Ferdinandeum, Innsbruck)
Reproduktion einer Karte aus dem Buch »Deutschland in der Bronzezeit" (1996) von Ernst Probst: 14 (Rainer Veit, Mainz, nach Angaben von Dr. Johannes-Wolfgang Neugebauer, Bundesdenkmalamt Wien)
Reproduktionen von Zeichnungen aus dem Buch „Deutschland in der Bronzezeit« (1996) von Ernst Probst: 9 (Reproduktion aus Jorn Street-Jensen: Christian Jürgensen Thomsen und Ludwig Lindenschmit: Eine Gelehrtenkorrespondenz aus der Frühzeit der Altertumskunde (1853–1964), Mainz 1985), 15 (Reproduktion einer historischen Trachtenrekonstruktion des Münchener Historienmalers und Altertumsforschers Julius Naue, Foto: Prähistorische Staatssammlung, München)
Zeichnungen von Friederike Hilscher-Ehlert für das Buch »Deutschland in der Bronzezeit« (1996) von Ernst Probst: 1, 23, 39

Die wissenschaftliche Graphikerin
Friederike Hilscher-Ehlert

Friederike Hilscher-Ehlert wurde am 13. Dezember 1946 in Hamburg geboren. Sie absolvierte eine Ausbildung sowie ein Studium in den Fächern Kostümbild und Bühnenbild. Danach war sie mehrere Jahre lang an der Bühne tätig. Auf dem zweiten Berufsweg wurde sie wissenschaftliche Graphikerin mit dem Schwerpunkt Archäologie und arbeitete am Rheinischen Landesmuseum Bonn. Ihre Fachgebiete waren Restaurierung, Archäo-Botanik, Wissenschafts-Publikationen, Amtshilfe bei externen Projekten und Ausstellungskonzeption. Mit Lebensbildern von Menschen aus vergangenen Zeiten machte sie sich bereits einen Namen, als solche Kunstwerke in ihrer Heimat noch Seltenheiten waren. Das erste Buch, in dem Zeichnungen von Friederike Hilscher-Ehlert abgebildet wurden, heißt »Report aus der Römerzeit« (1989). In den frühen 1990-er Jahren schuf sie zahlreiche Lebensbilder für das Buch »Deutschland in der Bronzezeit« (1996) des Wiesbadener Wissenschaftsautors Ernst Probst. Großformatige Lebensbilder aus ihrer Hand schmücken die Werke »Die Römer« (1999), »Die Steinzeitler« (2003), »Die Kelten" (2003) und »Die Franken« (2003) in der vom Rhein-ischen Landesmuseum Bonn herausgegebenen Reihe »Lebendige Vergangenheit«. Im Geleitwort schrieb Professor Dr. Hans-Eckart Joachim: »Die Zeichnerin Friederike Hilscher-Ehlert verbindet wissenschaftlich abgesicherte, akribische Prägnanz mit virtuosem unverkennbaren Personalstil, der der Phantasie und Entdeckerfreude Raum lässt. So entstehen Bilder, in denen uns Menschen und Menschengemachtes der Vergangenheit entgegentreten, längst verwischte Spuren sichtbar werden.« Zeichnungen von ihr erschienen außer in Büchern auch in wissenschaftlichen Zeitschriften und man sah sie in Ausstellungen von Museen oder auf zahlreichen farbprächtigen Ansichtskarten. Friederike Hilscher-Ehlert betont: »Archäologische Illustration ist heute in keinem Museum und in keiner fundierten Fachpublikation mehr entbehrlich. Es ist mir eine Freude Wegbereiterin dieser Art Graphik in Deutschland gewesen zu sein.«

Der Autor Ernst Probst

Ernst Probst, geboren am 20. Januar 1946 in Neunburg vorm Wald im bayerischen Regierungsbezirk Oberpfalz, ist Journalist und Wissenschaftsautor. Er arbeitete von 1968 bis 1971 als Redakteur bei den »Nürnberger Nachrichten«, von 1971 bis 1973 in der Zentralredaktion des »Ring Nordbayerischer Tageszeitungen« in Bayreuth und von 1973 bis 2001 bei der »Allgemeinen Zeitung«, Mainz. In seiner Freizeit schrieb er Artikel für die »Frankfurter Allgemeine Zeitung«, »Süddeutsche Zeitung«, »Die Welt«, »Frankfurter Rundschau«, »Neue Zürcher Zeitung«, »Tages-Anzeiger«, Zürich, »Salzburger Nachrichten«, »Die Zeit"«, »Rheinischer Merkur«, »Deutsches Allgemeines Sonntagsblatt«, »bild der wissenschaft«, »kosmos«, »Deutsche Presse-

Agentur« (dpa), »Associated Press« (AP) und den »Deutschen Forschungsdienst« (df). Aus seiner Feder stammen die Bücher »Deutschland in der Urzeit« (1986), »Deutschland in der Steinzeit« (1991), »Rekorde der Urzeit« (1992), »Dinosaurier in Deutschland« (1993 zusammen mit Raymund Windolf) und »Deutschland in der Bronzezeit« (1996). Von 2001 bis 2006 betätigte sich Ernst Probst als Buchverleger sowie zeitweise als internationaler Fossilienhändler und Antiquitäten-händler. Insgesamt veröffentlichte er mehr als 100 Bücher, Taschenbücher, Broschüren und E-Books.

Bücher von Ernst Probst

Affenmenschen
Von Bigfoot bis zum Yeti

Annie Oakley
Die Meisterschützin des Wilden Westens

Archaeopteryx. Der Urvogel aus Bayern

Christl-Marie Schultes. Die erste Fliegerin in Bayern
(zusammen mit Theo Lederer)

Cortés und Malinche. Der spanische Eroberer
und seine indianische Geliebte

Das Dinotherium-Museum Eppelsheim
Führer durch die Ausstellung
(zusammen mit Dr. Jens Lorenz Franzen
und Heiner Roos)

Der Europäische Jaguar

Der Mosbacher Löwe
Die riesige Raubkatze aus Wiesbaden

Der Rhein-Elefant
Das Schreckenstier von Eppelsheim

Der Schwarze Peter
Ein Räuber im Hunsrück und Odenwald

Der Ur-Rhein
Rheinhessen vor zehn Millionen Jahren

Deutschland im Eiszeitalter

Deutschland in der Frühbronzezeit

Deutschland in der Mittelbronzezeit

Deutschland in der Spätbronzezeit

Die Bronzezeit

Die Aunjetitzer Kultur in Deutschland

Die Straubinger Kultur in Deutschland

Die Singener Gruppe
und die Oberrhein-Hochrhein-Gruppe

Die Arbon-Kultur in Deutschland

Die Ries-Gruppe und die Neckar-Gruppe

Die Adlerberg-Kultur

Der Sögel-Wohlde-Kreis

Die nordische Bronzezeit in Deutschland

Die Hügelgräber-Kultur in Deutschland

Die ältere Bronzezeit in Nordrhein-Westfalen

Die Bronzezeit in der Lüneburger Heide

Die Stader Gruppe

Die Südhannoversche Gruppe

Die Oldenburg-emsländische Gruppe

Die ältere Bronzezeit
im nordwestlichen Brandenburg

Die Vorlausitzer Kultur

Die Urnenfelder-Kultur in Deutschland

Die Lausitzer Kultur in Deutschland

Die Dolchzahnkatze *Megantereon*

Die Dolchzahnkatze *Smilodon*

Die Säbelzahnkatze *Homotherium*

Die Säbelzahnkatze *Machairodus*

Die Schweiz in der Frühbronzezeit

Die Schweiz in der Mittelbronzezeit

Die Schweiz in der Spätbronzezeit

Die Rhône-Kultur in der Westschweiz

Die Arbon-Kultur in der Schweiz

Die Inneralpine Bronzezeit-Kultur
in der Schweiz

Dinosaurier in Deutschland. Vom *Efraasia*
bis zu *Sellosaurus*

Dinosaurier von A bis K. Von *Abelisaurus*
bis zu *Kritosaurus*

Dinosaurier von L bis Z. Von *Labocania*
bis zu *Zupaysaurus*

Eiszeitliche Geparde in Deutschland

Eiszeitliche Leoparden in Deutschland

Frauen im Weltall

Höhlenlöwen. Raubkatzen im Eiszeitalter

Johann Jakob Kaup
Der große Naturforscher aus Darmstadt

Julchen Blasius. Die Räuberbraut des Schinderhannes

Königinnen der Lüfte in Deutschland

Königinnen der Lüfte in Europa

Königinnen der Lüfte in Frankreich

Königinnen der Lüfte in England, Australien
und Neuseeland

Königinnen der Lüfte in Amerika

Königinnen der Lüfte von A bis Z

Königinnen des Tanzes

Malende Superfrauen

Meine Worte sind wie die Sterne
Die Entstehung der Rede des Häuptlings Seattle
(zusammen mit Sonja Probst)

Monstern auf der Spur
Wie die Sagen über Drachen, Riesen
und Einhörner entstanden

Pompadour und Dubarry. Die Mätressen
von Louis XV.

Raub-Dinosaurier von A bis Z.
Mit Zeichnungen von Dmitry Bogdanav
und Nobu Tamura

Rekorde der Urmenschen
Erfindungen, Kunst und Religion

Rekorde der Urzeit
Landschaften, Pflanzen und Tiere

Säbelzahnkatzen. Von *Machairodus*
bis zu *Smilodon*

Säbelzahntiger am Ur-Rhein. *Machairodus*
und *Paramachairodus*

Seeungeheuer
Von Nessie bis zum Zuiyo-maru-Monster

Superfrauen aus dem Wilden Westen

Superfrauen 1 – Geschichte

Superfrauen 2 – Religion

Superfrauen 3 – Poltik

Superfrauen 4 – Wirtschaft und Verkehr

Superfrauen 5 – Wissenschaft

Superfrauen 6 – Medizin

Superfrauen 7 – Film und Theater

Superfrauen 8 – Literatur

Superfrauen 9 – Malerei und Fotografie

Superfrauen 10 – Musik und Tanz

Superfrauen 11 – Feminismus und Familie

Superfrauen 12 – Sport

Superfrauen 13 – Mode und Kosmetik

Superfrauen 14 – Medien und Astrologie

Tony und Bruno Werntgen. Zwei Leben
für die Luftfahrt (zusammen mit Paul Wirtz)

Zenobia von Palmyra. Eine Frau kämpft
gegen die Römer

Bestellungen bei: http://www.grin.com